A Moose in the Hoose

a Scots counting book

DUNNETT

In memory of Mum and for
Dad – Soapy – Neill, Rosie, Kirsty and Sam – Hilary and Robert
Love n' stuff – KS

First published 2003
by Itchy Coo

A Black & White Publishing and Dub Busters Partnership
99 Giles Street, Edinburgh EH6 6BZ

ISBN 1 902927 79 6

Text copyright © Matthew Fitt and James Robertson
Illustrations © Karen Sutherland

A CIP catalogue record for this book
is available from The British Library.

Scottish
Arts Council
LOTTERY FUNDED

Printed and bound by BookPrint, S.L., Barcelona

A Moose in the Hoose

a Scots counting book

Matthew Fitt & James Robertson
Illustrated by Karen Sutherland

Itchy Coo

1

Yin rich moose
In his coontin hoose

2

Twa dink coos
Readin oot the news

3

Three sleekit selkies
Tummlin their wulkies

4

Fower baldy dugs

Tryin on rugs

5

Five brainy hurcheons

Learnin tae be surgeons

6

Six sonsie SOOS

Gaun on a cruise

7

Seeven strang brocks

Sclimmin up rocks

8

Eicht fly tods
Awa wi fishin rods

9

Nine bubblyjocks
Washin oot their socks

10

Ten cheeky puggies
Drivin gowf buggies

11

Eleeven gallus craws
Playin heid the baw

12

Twelve mad maukins
Aye talkin, talkin

13

Thirteen soople cats –
Circus acrobats!

14

Fowerteen braw partans
Dressed in bonnie tartans

15

Fifteen broon troot
Joukin in and oot

16

Sixteen racin rattons
Haundin ower batons

17

**Seeventeen green puddocks
Lowpin ower tummocks**

18

Eichteen wee speugs

Chantin in yer lugs

19

Nineteen glaikit yowes
Lost up on the knowes

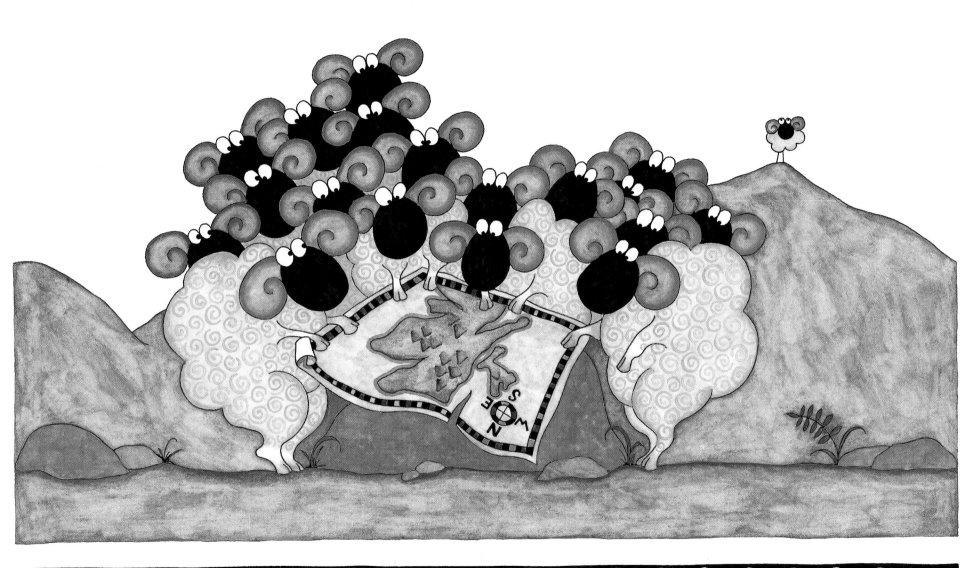

20

Twenty hairy oobits
Pittin on their new bitts

100

Hunners o clockers
Watchin a shocker!

1000

Thoosans o bees

Blawin in the breeze

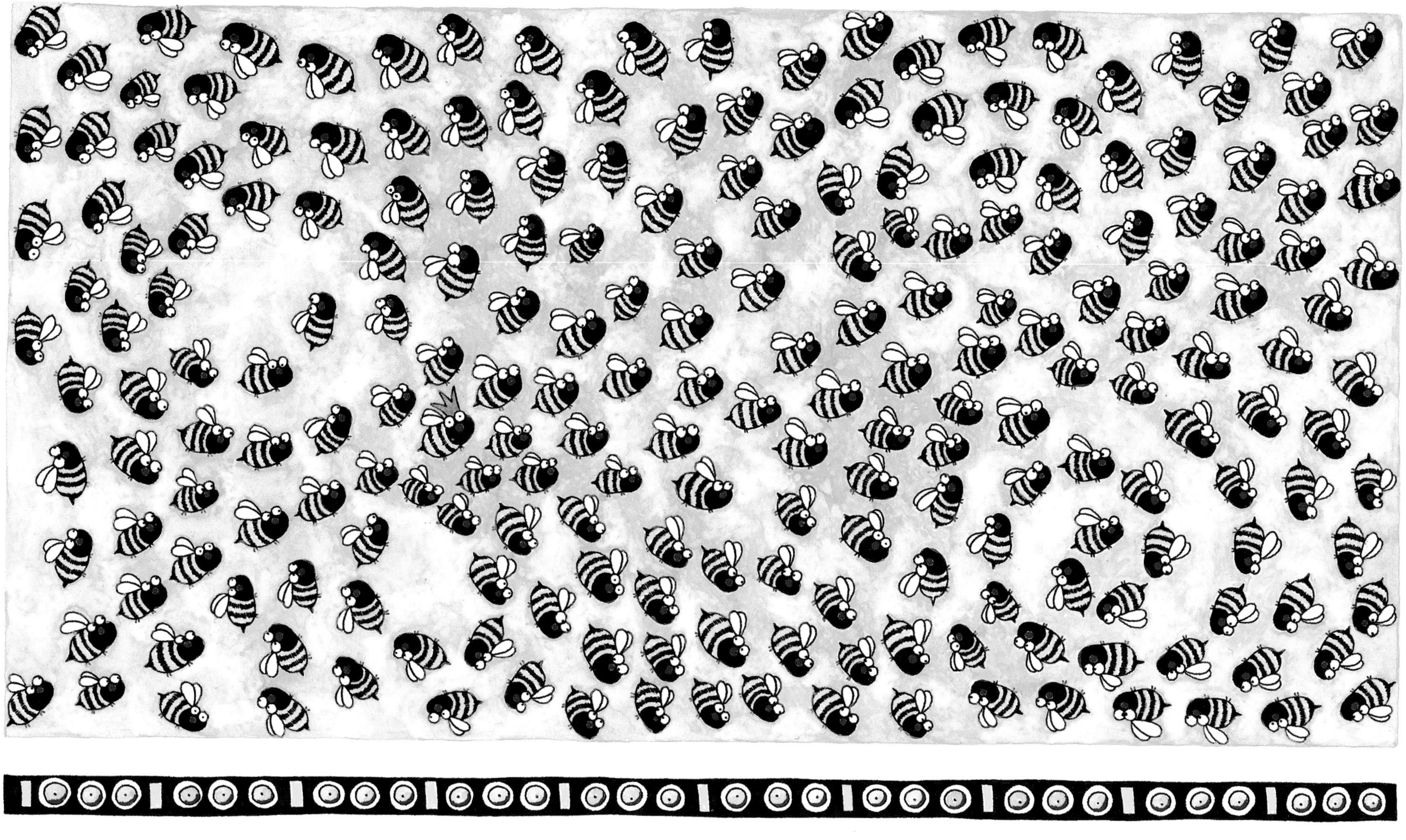

1 2 3 4 5 6 7 8
9 10 11 12 13
14 15 16 17 18
19 20 100 1000